bliografische Information der Deutschen Nationalbibliothek:
.e Deutsche Nationalbibliothek verzeichnet diese Publikation ir
r Deutschen Nationalbibliografie; detaillierte bibliografische Da-
n sind im Internet über http://dnb.d-nb.de abrufbar.

. Auflage 2023
) 2016 Neukirchener Verlagsgesellschaft mbH, Neukirchen-Vluyn
.lle Rechte vorbehalten
Jmschlaggestaltung: Andreas Sonnhüter, www.sonnhueter.com
inter Verwendung eines Bildes von © tuthelens, Alena Ozerova
shutterstock.com)
Redaktion: Sarah Müller, Brunnthal/Neukirchstockach
OTP: Breklumer Print-Service, www.breklumer-print-service.com
Verwendete Schrift: Bembo, Matrix Script, Diskus
Gesamtherstellung: FINIDR, s.r.o.
Printed in Czech Republic
ISBN 978-3-7615-6295-6

www.neukirchener-verlage.de

Wilhelm Bus

Alles, Herr, bis

Glaubensschätze
aus einem gesegneten

 neukirchener

Inhaltsverzeichnis

Geleitwort

„Früher holten die Leute uns, wenn es eine Schlägerei gab. Jetzt holen sie den Pastor!" sagte ein Polizist zu Wilhelm Busch und das beschreibt etwas von seinem durchschlagenden Erfolg in der Essener Stadtgesellschaft, wo er 33 Jahre Jugendpfarrer im Weigle-Haus war.

PB (Pastor Busch), wie er genannt wurde, erreichte im Weigle-Haus und auf seinen vielen Evangelisationsreisen Menschen aus den unterschiedlichsten Berufen. Den Bergarbeiter und die Sekretärin ebenso wie einen Hochschulprofessor. Seine missionarische Botschaft war immer fest in der Welt der Jugendlichen und der Erwachsenen verwurzelt. Und das spürt man seinen Worten noch heute ab.
Wilhelm Busch war Jugendpfarrer von ganzem Herzen und ganzer Seele. Mit nur wenigen Sätzen konnte er Jugendlichen eine Geschichte erzählen, die ihnen einen neuen Blick auf den Glauben und auf ihr eigenes Leben eröffnete. Seine Geschichten motivieren Jugendliche und Erwachsene noch heute, sich mit Jesus und der Bibel zu beschäftigen. Seine Sprache ist deutlich und direkt.

Das Leben ist voller Geschichten. Und Wilhelm Busch zeigt uns in diesem Buch immer wieder neu, Gott in ihnen zu entdecken.

Rolf Zwick, Jugendpfarrer und
Leiter des Weigle-Hauses seit 1996

Rettung und Befreiung

Als ich noch ein kleiner Junge war, führte mich mein Vater einmal durch eine alte Stadt. Da kamen wir auch an den „Schuldturm". „Sieh!", erklärte mir mein Vater, „wenn in alter Zeit ein Mann Schulden gemacht hatte, die er nicht bezahlen konnte, dann wurde er in diesen Turm gesperrt und so lange darin festgehalten, bis er die Schulden bezahlte."

Erschüttert schaute ich auf das alte Gemäuer. „Vater", sagte ich, „in dem Turm konnte er doch erst recht nichts verdienen. Da kam er ja sein Leben lang nicht heraus."

„Doch!", erwiderte mein Vater, „wenn ein anderer für ihn bezahlte und ihn loskaufte."

Als ich einst einem jungen Mann die Herrlichkeit des Christenstandes pries, da meinte er pfiffig: „Mit Speck fängt man Mäuse!" Er war der Überzeugung – und diese Überzeugung teilt er mit sehr vielen Leuten –, dass ein von Gott gelöster Weltmensch in herrlicher, sonniger Freiheit lebe. Und nun versuchen die Christen mit vielen süßen Worten, diese herrlich freien Leute in einen finsteren Keller zu locken, wo man nur noch den Kopf hängen lassen kann und ein recht trübseliges Leben führt. O was für eine Verkehrung der Tatsachen! Ich habe damals dem jungen Mann ins Gesicht gelacht und ihm gesagt: „Die Sache steht genau umgekehrt, wie Sie sie sehen. Der unbekehrte Mensch sitzt in einem sehr dunklen Keller, den er sich mit allerlei künstlichen Lichtlein zu erhellen sucht. Dabei aber ist draußen der helle Tag angebrochen, seitdem der Herr Jesus in die Welt gekommen ist. Und nun bitte ich Sie: Springen Sie doch aus Ihrem finsteren Keller in den hellen Sonnenschein der Gnade Jesu Christi!"

Da ist ein Mensch in die Gewalt der Sklavenhändler geraten. Er kann sich nicht selber loskaufen. Und da kommt ein freundlicher Herr über den Sklavenmarkt und sieht den Sklaven. Das Herz entbrennt ihm und er fragt: „Was kostet der? Ich kaufe ihn frei!" Von welchem Moment an ist der Sklave frei? Von dem Moment an, wo der letzte Pfennig bezahlt ist.

Der Herr Jesus hat für Sie auf Golgatha den letzten Pfennig bezahlt! Und nun dürfen Sie's fassen und sagen: „Herr Jesus, jetzt lege ich dir meine Sünde hin und glaube es, dass du sie getilgt hast." Jesus kauft los! Jesus macht Sklaven der Sünde frei!

Philipp Friedrich Hiller singt: „Die Sünden sind vergeben. / Das ist ein Wort zum Leben / Für den gequälten Geist. / Sie sind's in Jesu Namen …"

Da ist ein Seemann im Sturm vom Schiff ins Meer gespült worden. Nun treibt er in den empörten Wellen. Da kann er verschiedene Wandlungen durchmachen: Er kann Brust schwimmen und auf dem Rücken schwimmen.

Er kann sich treiben lassen oder an ein Holzstück klammern. Er kann von einem Haifisch gefressen werden oder ertrinken. Wandlungen! Aber immer bleibt der Seemann, was er ist: ein verlorener Mann. Es gibt für ihn nur eine entscheidende Wandlung: dass er gerettet wird.

So ist es mit unserem Leben! Ob wir arm oder reich, angesehen oder verachtet, alt oder jung, töricht oder klug sind – wir sind vor Gott verlorene Leute.

Und es gibt in unserem Leben nur eine entscheidende Wandlung: dass Jesus uns rettet! Gott schenke uns diese Wandlung!

Jesus, der Sohn Gottes, ist wohl ein großer Kämpfer. Aber er kämpft nie *gegen* Menschen, sondern immer *um* Menschen.

Er kämpft um den Menschen, der in der Gewalt der dämonischen Mächte ist. Er kämpft um den Menschen, der in seinen Lügereien, Unkeuschheiten, Streitereien, Süchten und in seiner Geldgier ein williger Knecht des Teufels ist.

Um solche Menschen kämpft der Sohn Gottes. Er kämpft – hoffentlich haben wir das begriffen – um *uns*!

Um uns ging es, als der Sohn Gottes Mensch wurde und in Bethlehem geboren wurde. Um uns ging es, als er im Garten Gethsemane in großer Herzensnot rang. Um uns ging es, als er auf Golgatha an das Kreuz genagelt wurde. Um uns ging es, als er von den Toten auferstand. Und um uns ging es, als er den Heiligen Geist in die Welt sandte.

*W*elch eine Botschaft ist das, die der zerrissene Vorhang verkündet!

Als ich kürzlich einen hohen Beamten sprechen wollte, hieß es: „Das wird sich kaum machen lassen. Vielleicht verhandeln Sie mit dem Sekretär!"

Aber der Weg zum Herrn aller Herren, zum lebendigen Gott ist frei und offen! Offen durch das Sterben des Sohnes! Welch eine Botschaft! Lasst uns durch den zerrissenen Vorhang gehen!

Ich kenne einen Mann, der ging eines Abends, als es schon dunkel war, fröhlich und nichtsahnend von seiner Arbeit nach Hause.

Auf einmal blieb er erschrocken stehen. Ein Gedanke hatte ihn überfallen: „Wie, wenn Gottes Hand gegen dich gekehrt wäre!"

Er wunderte sich selber, dass ihm solch ein Gedanke kam. Aber der war da und ließ ihn nicht los.

Er sprach gelegentlich mit seinen Freunden darüber. Die meinten, er sei überarbeitet. Das brachte ihn nicht weiter. Er entdeckte bald, dass Gott viele gute Gründe hatte, gegen ihn zu sein. Und er merkte, dass das schrecklich ist. Ja, er erkannte, dass nichts wichtiger sei als Frieden mit Gott.

Da kamen die schlaflosen Nächte, wo es heißt: „Von Herzen begehre ich dein des Nachts."

Der Mann hatte vorher manchmal von Jesus gehört. Es hatte ihn nicht sonderlich bewegt. Aber als er nun eines Tages entdeckte, dass in Jesus Gott für uns ist, da kamen ihm die Tränen der Freude.

So wagte ich es eines Tages mit viel innerlicher Furcht, den Studenten bekannt zu geben: „Im neuen Semester findet jede Woche einmal eine Weltanschauungs-Stunde für alle Teilnehmer statt. Freie Diskussion wird zugesichert." [...]

Ein wilder Atheist hatte sich immer wieder zu Wort gemeldet und sich endlich beschwert, er komme nicht genug zum Zuge. Darauf gab ich ihm die Erlaubnis: „Beim nächsten Mal dürfen Sie die einleitende Rede halten!"

Die Weltanschauungs-Stunde am nächsten Mittwoch kam. Im gedrängt vollen Saal erwartungsvolle Stille! Der Redner wird aufgerufen. Aber er meldet sich nicht. Endlich stellt man fest: Er ist gar nicht erschienen!

Und nun meldet sich sein Freund und sagt verlegen: „Es hat ihn getroffen. Er glaubt nicht mehr an seinen Unglauben. Aber – er kann noch nicht darüber sprechen!"

Große Stille! Alle spüren etwas von der überwindenden Macht des auferstandenen Herrn Jesus.

Eine Bekehrung zu Gott ist einfach ein Wunder. Ein moderner Philosoph, Paul Deussen, hat gesagt: „Die Kraft, die imstande wäre, die Umdrehung unseres Planeten aufzuhalten oder herumzuwerfen in die entgegengesetzte Bahn, müsste wohl eine ganz große kosmische Kraft genannt werden. Und doch ist sie klein im Verhältnis zu der Kraft, die nötig wäre, uns Menschen in unserer selbstischen Umdrehung aufzuhalten und uns herumzuwerfen in die entgegengesetzte Bahn …"

Christenstand ist dies, dass mein Herz sich dem Herzen des Sohnes Gottes verbindet, das sich mir ganz geöffnet hat. Im Lied heißt es (und das ist wahrhaftig nicht Schwärmerei): „Ich will dich lieben, meine Zier …" Das ist die wirkliche Erlösung aus der Einsamkeit, die der Mensch von heute so heiß ersehnt.

Seht nur auf das Kreuz, wo die Arme Gottes für alle ausgebreitet sind: „Kommt her, Mühselige, ich erquicke euch! Kommt her, Friedelose, ich tröste euch! Kommt her, Sünder, ich wasche euch rein!"

Und wenn nur einer zu ihm kommt, erschallt in den himmlischen Räumen unendlicher Jubel. Jesus sagt: „Es ist Freude im Himmel über *einen* Sünder, der Buße tut."

Von einer Koppel in Südamerika ist ein Pferd ausgebrochen und hat sich einer Herde wilder Pferde angeschlossen. Darüber vergeht ein Jahr. Eines Tages reitet der Herr über die Pampas. Er sieht die Herde. Und mittendrin seinen Rappen. Ein Pfiff! Der Rappe spitzt die Ohren. Er erkennt den Ruf seines Herrn. Und dann bricht er aus der Herde aus und trabt zu seinem Herrn.

Alle Bekehrungen zu Jesus haben etwas von diesem Vorgang an sich: Man hört den Ruf dessen, der allein Herr ist, weil er uns mit seinem Blut erkauft hat. Man hört den Ruf und bricht aus der Herde der anderen Menschen aus.

Glaube und Vertrauen

Gleich nach dem Kriege zog ich einen alten Opel P 4 an Land, weil ich viel reisen wollte. Das war ein tolles Modell! Als ich zum ersten Mal mit dem kleinen P 4 angeklappert kam, rief ein Freund: „Du liebe Zeit! Jetzt müssen wir alle Bäume polstern! Der Pastor fährt Auto!" Ärgerlich habe ich gesagt: „Meinst du, ich könnte nicht Auto fahren?" – „Doch, du hast ja einen Führerschein!" – „Komm, dann steig ein", forderte ich ihn auf. „Nein, lieber nicht! Ich habe mein Testament noch nicht gemacht", erwiderte er. In dem Moment kam meine Frau daher. „Frau, komm, steig ein!", sagte ich zu ihr. Die stieg ein! Ohne Zögern! Sie lebt heute noch. In dem Augenblick, als sie den festen Boden verließ und bei mir einstieg, vertraute sie ihr Leben mir an. So machen Sie es Jesus gegenüber: Vertrauen Sie ihm rückhaltlos Ihr Leben an!

Im Jahre 1924 war ich nach Essen gekommen in die große Altstadt-Gemeinde. Nie werde ich vergessen, wie ich an einem trüben November-tag zum ersten Mal einen Gang durch den Bezirk machte. […]

Mir war klar: In diesem Bezirk hilft nur, dass ich Gott um Vollmacht und um Liebe bitte. Und dann hinein – nach dem Worte Jesu: „Siehe, ich sende euch wie Schafe mitten unter die Wölfe." Es stellte sich bald heraus, dass „die Wölfe" gar nicht so gefährlich waren. Mit der Zeit durfte ich viel Vertrauen erfahren. Oft kam ich gar nicht zu den Besuchen, die ich mir vorgenom-men hatte, weil ich auf der Straße immer wieder angehalten wurde, dass ich stundenlang seelsor-gerliche Sprechstunden mitten im lärmenden Verkehr abhielt.

Wie freute ich mich an jenem Tag, an dem mir ein Polizist fast ärgerlich sagte: „Früher holten die Leute uns, wenn es eine Schlägerei gab. Jetzt holen sie den Pastor!"

21

So ist es mit Jesus. Immer neu kommt er auf die Welt zu. Zuerst kam er im Fleisch. Da wurde er ein Kindlein und lag in der Krippe.

Heute kommt er im Geist zu uns. Da heißt es: „Siehe, ich stehe vor der Tür und klopfe an. So jemand meine Stimme hören wird und die Tür auftun, zu dem werde ich eingehen." Möchten wir doch sein Kommen und Klopfen nicht überhören!

Das dritte Kommen aber steht uns und der Welt noch bevor. Da wird er wiederkommen in Herrlichkeit. Da wird der Schleier, der ihn unsern Augen verhüllt, zerreißen. Da werden ihn sehen alle Geschlechter auf Erden.

Wir wollen Pläne auf lange Sicht machen. Wir wollen unsern Weg auf eine weite Strecke hin übersehen.

Und hier sagt uns nun der Herr, dass er es anders mit uns vorhat.

Er will seine Kinder ins Dunkel führen. Da will er sie wohl nicht verlassen.

Er wird ihnen für jeden Tag Licht geben. Aber – und das ist wieder hart! – eben nur für einen Tag und einen Schritt: „Ich will das Dunkel vor ihnen her zum Licht machen."

„Vor ihnen her"! Der Herr Jesus hat das einmal so ausgedrückt: „Sorget nicht für den anderen Morgen. Es ist genug, dass ein jeglicher Tag seine eigene Plage habe." Da sieht man nicht den ganzen Weg; aber man hat Licht genug, um weiterzugehen. […]

So wandern Kinder Gottes. Sehr zaghaft! Und doch – sehr sicher!

Denn sie wissen: Auch für morgen ist wieder Licht da. Und am Ende – am Ziel – wird es ganz hell sein.

Wohl den Menschen,
die von Herzen dir nachwandeln.

PSALM 84,6

Wir Menschen machen oft sehr viel überflüssige und unnötige Worte. Der Herr Jesus aber nicht. Und wenn er nun sagt: „Ich will das Abendmahl mit ihm halten und er mit mir", dann soll ja keiner meinen, da sei eben zweimal dasselbe gesagt. Wir dürfen mit ihm das Abendmahl halten. Das heißt: Er will uns bewirten.

Aber er sagt auch, er wolle mit uns das Abendmahl halten. Und das will sagen, dass auch wir ihn bewirten sollen; und dass wir ihm auftragen dürfen; und dass er sich an uns erquicken und ergötzen will.

So ist es in der Tat. Der Herr Jesus kehrt im Geist bei uns ein.

Und da will er sich erfreuen an unserem Glauben und an unserer Liebe und an unserem Gehorsam und an unserer Hoffnung. Damit dürfen wir ihn bewirten.

Aber – ach – wie geht's da bei uns so armselig her! Unser Herz ist ja eine leere Vorratskammer. Unser Glaube ist so klein. Unsere Liebe zu ihm ist erbärmlich. Unser Gehorsam ist jammervoll. Und unsere Hoffnung kann sich schon gar nicht sehen lassen. Das gibt eine armselige Bewirtung. Das gibt ein trübseliges Festmahl, bei dem mit nichts aufgewartet werden kann. Oder nur mit Verdorbenem.

Aber dafür gibt's nun auch Rat und Hilfe. Der Herr Jesus hat ja volle Vorratskammern. Und die stehen uns offen. Da dürfen wir frei und umsonst holen, was wir brauchen. Ja, da wollen wir uns holen: Glauben und Liebe und Gehorsam und Hoffnung.

Der Herr nimmt's nicht übel, wenn wir ihn mit seinem Eigenen bewirten. Im Gegenteil! So ist's ihm am liebsten.

Ich habe einen Abend im Gefängnis erlebt, an dem die Hölle los war. Da haben sie einen durchgehenden Transport von Leuten eingeliefert, die ins KZ gebracht werden sollten, Leute, die gar keine Hoffnung mehr hatten, teils Kriminelle, teils schuldlose Leute, Juden. Diese Leute packte an einem Samstagabend die Verzweiflung. Und dann brüllte alles los. Das können Sie sich gar nicht vorstellen.

Ein ganzes Haus mit lauter Zellen voll Verzweiflung, wo alles schreit und gegen die Wände und Türen donnert. Die Wärter werden nervös und knallen mit ihren Revolvern gegen die Decke, rennen herum, prügeln einen zusammen. Und ich sitze in meiner Zelle und denke: „So wird die Hölle sein." Das kann man schlecht schildern. In dieser Situation nun fällt mir ein: „Jesus! Er ist ja da!" Ich erzähle Ihnen, was ich tatsächlich selber erlebt habe. Dann habe ich nur leise – ganz leise – in meiner Zelle gesagt: „Jesus! Jesus! Jesus!!!" Und in drei Minuten wurde es still. Verstehen Sie: Ich rief ihn an, das hörte kein Mensch, nur er – und die Dämonen mussten weichen! Und dann sang ich, was streng verboten war, ganz laut:

„Jesu, meine Freude, / Meines Herzens Weide, / Jesu, meine Zier. / Ach, wie lang, ach lange / Ist dem Herzen bange / Und verlangt nach dir!" Und alle Gefangenen hörten es. Die Wärter sagten kein Wort, dass ich laut sang: „Mag von Ungewittern / Rings die Welt erzittern, / Mir steht Jesus bei!" Meine Freunde, da habe ich etwas gespürt, was das bedeutet, einen lebendigen Heiland zu haben.

Im Westfälischen lebte im vorigen Jahrhundert ein Schuhmacher namens Rahlenbeck. Den hat man bloß den „Fienen-Pastor", den „Pietisten-Pfarrer" genannt, weil er mit großem Ernst in der Nachfolge Jesu stand. Er war ein gewaltiger und gesegneter Mann. Eines Tages besuchte ihn ein junger Pfarrer.

Rahlenbeck sagte zu ihm: „Herr Pfarrer, Ihr Theologiestudium garantiert auch noch nicht, dass Sie ein Kind Gottes sind. Sie müssen den Heiland aufnehmen!" Da antwortete der Pfarrer: „Ja, den Heiland habe ich. Ich habe sogar ein Bild von ihm im Studierzimmer hängen." Darauf erwiderte der alte Rahlenbeck: „Ja, an der Wand ist der Heiland ganz ruhig und friedlich. Aber wenn Sie den in Ihr Herz und Leben aufnehmen, dann gibt's Rumor!"

Ich wünsche Ihnen, dass Sie diesen herrlichen Rumor erleben, wo das Alte stirbt und man als Kind Gottes den Vater im Himmel preisen kann, weil man weiß, wozu man auf der Welt ist, wo man als Kind Gottes den Vater im Himmel ehren kann mit Werken, Worten und Gedanken.

Spurgeon, der gewaltige englische Erweckungsprediger, hat es einmal so ausgedrückt: „Der Glaube ist ein sechster Sinn."

Sehen Sie: Wir haben fünf Sinne, um diese Welt zu erkennen: Sehen, Hören, Fühlen, Schmecken, Riechen. Das sind die fünf Sinne, mit denen wir diese dreidimensionale Welt erkennen können.

Ein Mensch, der nur mit diesen fünf Sinnen lebt, der fragt: „Wo soll Gott sein? Ich sehe ihn nicht. Und Jesus sehe ich auch nicht. Ich glaube das alles nicht!" Wenn uns nun Gott durch seinen Heiligen Geist Erleuchtung gibt, dann kriegen wir den sechsten Sinn. Dann können wir nicht bloß sehen, hören, fühlen, schmecken und riechen, sondern dann können wir auch die andere Welt erkennen. Die Bibel sagt: „Das ist aber das ewige Leben, dass sie dich, der du allein wahrer Gott bist, und den du gesandt hast, Jesum Christum, erkennen." Das kann der sechste Sinn!

*K*inder sind hilflos. Und wir sind es auch. Wie sollen wir fertig werden mit den Problemen der Welt? Wie sollen wir fertig werden mit unseren Trieben, unseren Wünschen und Sehnsüchten? Wie sollen wir fertig werden mit unserem Leben und unserem Sterben! Und wie mit der Schuld unseres Lebens?

Hilflos sind wir! Und nur wer das erkennt, begreift, warum uns Gott seinen Sohn gesandt hat zum Heiland.

Jesus sagt, Gott habe es „den Weisen und Klugen verborgen" und „den Unmündigen offenbart".

„So ihr nicht werdet wie die Kinder …", mahnt er.

Dass er doch auch uns als „Kindlein" anreden möchte, weil wir vor ihm die Wirklichkeit unserer Hilflosigkeit erkannt haben und darum auf ihn zueilen!

*L*asst uns noch einmal das Bild von der Brücke brauchen. Das Wichtigste bei der Brücke ist nicht das, was man sieht, sondern das sind die Fundamente, die im Flussgrund versenkt sind, die starken Betonklötze, auf denen die Brücke ruht.

Um die verborgenen Fundamente geht es auch in unserm Leben. Es kommt letztlich nicht an auf die Stärke unseres körperlichen Zustandes oder auf die Tragfähigkeit unserer Nerven, sondern darauf, ob wir auf starken Fundamenten ruhen. Wir haben hochgemute Menschen zusammenbrechen sehen. Ihre heimlichen Fundamente waren nicht in Ordnung. Und wir haben schwache Menschen im größten Leid unzerbrochen gesehen.

Paulus war so einer, der nicht zerbrach. Und er kann der Gemeinde in Rom fröhlich schreiben: Auch von euch weiß ich, dass ihr weit überwindet.

Was für ein Fundament ist das? Es heißt: Frieden mit Gott durch Vergebung der Sünden. Das aber dürfen wir haben durch Jesus.

Was hat man denn von einem Leben mit Gott? Ich will's Ihnen aufzählen: Frieden mit Gott; Freude im Herzen; Liebe zu Gott und dem Nächsten, dass ich sogar meine Feinde und alle, die mir auf die Nerven fallen, liebhaben kann; Trost im Unglück, dass mir jeden Tag die Sonne hell scheint; eine gewisse Hoffnung des ewigen Lebens; den Heiligen Geist; Vergebung der Sünden; Geduld – ach, ich könnte noch lange weitermachen.

[…]

„Es ist etwas, des Heilands sein,
Ich dein, O Jesu, und du mein,
In Wahrheit sagen können,
Ihn seinen Bürgen, Herrn und Ruhm
Und sich sein Erb und Eigentum
Ohn allen Zweifel nennen."

Es ist etwas, des Heilands sein! Ich wünsche Ihnen diesen Reichtum, dieses Glück!

*W*ahrhaftiger Gott und wahrhaftiger Mensch! Immer wieder ist die Christenheit von dieser Wahrheit abgewichen, nach rechts und nach links.

Der rechte Absturz: Da betont man die Gottheit Jesu so einseitig, dass der arme Mensch die Augen nicht mehr zu ihm zu erheben wagt und sich lieber an allerlei Mittler, Fürsprecher und Heilige hält, zu denen er eher Vertrauen fassen kann, weil ihnen das Menschliche nicht fremd ist.

Der linke Absturz: Da sieht man nur die menschliche Seite Jesu, reißt ihm die Krone der Gottessohnschaft vom Haupte und macht ihn zu einem moralischen Vorbild oder zu einem Religionsstifter.

Es handelt sich hierbei wirklich um Abstürze: Denn wenn wir nicht den ganzen Jesus haben, verlieren wir Jesus ganz.

Lasst mich ein anderes Bild brauchen: Jesus ist die Brücke zwischen Gott und der Welt. Eine Brücke ist nur dann sicher, wenn sie an beiden Ufern fest aufliegt. Jesus ist die Brücke, weil er ganz zu Gott und auch ganz zu uns gehört. Lasst es uns fassen, was unsere Väter von Jesus sagten: „... dass der ewige Sohn Gottes, der wahrer und ewiger Gott ist und bleibt, wahre menschliche

Natur aus dem Fleisch und Blut der Jungfrau Maria durch die Wirkung des Heiligen Geistes an sich genommen hat." Er ist unser Herr und unser Bruder.

Es ist wundervoll, wie Gottes Wort und Gottes Geist zusammenwirken, damit wir zum Glauben an den Christus Gottes kommen können. Wie oft wird gefragt: „Was soll man denn tun, um glauben zu können?" Die Antwort kann nur lauten: „Lies Gottes Wort und bitte dabei um das Licht des Heiligen Geistes."

Kürzlich machte ich einen Besuch. Als ich geschellt hatte, machte ein Mann die Tür nur einen Spalt breit auf und fragte: „Was wollen Sie denn?" Als ich ihn nachher fragte: „Warum waren Sie so misstrauisch?", entgegnete er: „Es schenkt einem keiner was."

Welch ein Wunder, wenn ein Herz vor Jesus aufgeht und glaubt: Du schenkst mir alles, was ich für Leib und Seele, für Zeit und Ewigkeit brauche. Darum darfst du alles von mir fordern.

*A*ber immer wieder geschah und geschieht es, dass ein Mensch sich aufmacht, Jesus nachzufolgen. […] Was bedeutet das denn? Vorher hat man selber am Steuer seines Autos gesessen. Nun gibt man Jesus das Steuer in die Hand. Zuerst sagt man wohl: „Herr Jesus, ich möchte die und die Straße fahren. Ich bin froh, dass du nun zu mir eingestiegen bist." „Da will ich nur schnell wieder aussteigen", sagt Jesus. „Warum denn?", fragt man erschrocken zurück. Und er antwortet: „Ich kenne die Straßen besser, die zum Ziel führen. Lass mich fahren, und vertraue dich mir nur an." – Aber nun geht's noch nicht los. „Was hast du denn da für sinnloses Gepäck? Soll das alles mit? Der fette Schoßhund, dein dickes Ich, das lass nur dahinten. Und so allerlei kleine Sündenköfferchen! Lass sie stehen!"

Da rufst du erschrocken: „Herr Jesus, soll ich ganz arm werden?" „Nein", sagt er, „bis jetzt warst du arm. Jetzt sollst du reich werden."

So überlässt man sich ihm, arm und willenlos, und erfährt am Ende: „Aus seiner Fülle haben wir genommen Gnade um Gnade."

36

Kürzlich besuchte uns in unserem Jugendkreis ein Reverend aus Ceylon. Er sagte: „Wenn ich eine Geige in die Hand nehme, kann ich darauf nur jämmerliche Töne hervorbringen. Wenn aber ein Künstler sie spielt, klingt es herrlich. So ist es mit unserem Leben. Solange wir es selbst spielen, ist es erbärmlich. Gebt es dem großen Meister Jesus in die Hand. Er wird eine wundervolle Melodie darauf spielen."

Heilung und Vergebung

Ein wundervolles Bild für das, was im Reiche Gottes geschieht! Wie Tau!

Ganz still und heimlich, während die ganze Welt noch im Schlafe liegt, senkt sich der Tau herab. So still und heimlich geschieht die Wiedergeburt eines Menschen, durch die er errettet wird aus der Obrigkeit der Finsternis und versetzt in das Reich des Sohnes Gottes. Die Welt schläft in ihrem Todes- und Sündenschlaf und versteht nicht, was da neben ihr vorgeht.

Sehr geheimnisvoll ist das Werden des Taues. Es gibt mancherlei sich widersprechende Erklärungen, wie der Tau entstehe. Es liegt ein Geheimnis darüber. So ist es auch mit der Wiedergeburt eines Menschen. Jesus sagt zu Nikodemus: „Der Wind bläst, wo er will, und du hörst sein Sausen wohl; aber du weißt nicht, woher er kommt und wohin er fährt. Also ist ein jeglicher, der aus dem Geist geboren ist." […]

Von oben kommt der Tau. Ja, von oben geschieht alle Einfügung in Gottes Reich. Von oben kommt alle Wiedergeburt.

Und auch das muss gesagt werden, dass der Tau erquickend ist.

Und so ist es für die arme Welt im Grunde erquickend, wenn aus Sündern Kinder Gottes werden. Es handelt sich ja um neues Leben aus Gott.

Eine Einladung ergeht an uns!
Von wem? – Von dem König aller Könige, von dem Richter der Welt.

Wie? Eine Einladung von dem Richter der Welt? Ist das nicht ein Irrtum? Wenn der Richter der Welt uns vor sein Angesicht ruft, dann kann es sich doch nur um eine Vorladung handeln.

Eine Vorladung vor den, dem Gott alles Gericht gegeben hat!

Eine Vorladung vor den „Herzenskündiger"! – Wer wird nicht unruhig beim Gedanken hieran! Wer sollte sich nicht fürchten!

Aber – fürchtet euch nicht! Wohl ruft uns der Richter der Welt.

Aber – es handelt sich tatsächlich nicht um eine Vorladung, sondern um eine Einladung: „Kommet her zu mir alle, die ihr mühselig und beladen seid! Ich will euch erquicken."

Denkt nicht, dass der Richter blind geworden sei für unsere Schuld. Er sieht sie wohl. „Mühsal und Last" nennt er sie. O hört, wie freundlich er von unserer Sünde und Schuld redet: „Mühsal und Last".

Der Richter der Welt hat sein Richtschwert weggelegt. Stattdessen streckt er seine durchgrabenen Hände nach uns aus.
Wie freundlich ist dieser Ruf! Und doch – wie tödlich ernst. Wer sollte uns noch retten können, wenn wir ihn verachten!

Wo könnte es wohl finsterer sein als in Menschenherzen, die fern von Gott und seinem Heil sind! Solche Dunkelheit ist nicht nur da oder dort. Die Welt ist voll davon. Hinter all ihrem Prunk, ihrer Pracht, ihrem Rühmen und ihrer Herrlichkeit ist diese abgrundtiefe Dunkelheit in den Herzen.

Aber in solcher Herzensfinsternis geschieht da und dort das Schöpfungswunder. Paulus erzählt davon: „Gott, der da hieß das Licht aus der Finsternis hervorleuchten, der hat einen hellen Schein in unsere Herzen gegeben."

Der helle Schein ist Jesus. Der sagt von sich: „Ich bin das Licht der Welt." Selig ist, wen er erleuchtet.

Wenn ich eine ungeheuer große Rechnung vorgelegt bekomme, die ich nicht bezahlen kann, dann kann ich wohl diese Rechnung in den Schreibtisch legen und die ganze Sache vergessen. Aber eines Tages wird mein Gläubiger doch wieder die Schuld anmahnen.

Die Rechnung ist erst dann erledigt, wenn sie bezahlt ist. Und nun ist mir, als höre ich den Jubelschrei aus dem Neuen Testament: „Deine Rechnung ist ja bezahlt! Ohne dein Zutun hat der Sohn Gottes am Kreuz deine Schuld bezahlt."

Im Glauben an dies Bezahlen Jesu – durch Vergebung der Sünden – wird die schuldige Vergangenheit ausgetilgt.

Nur so! Aber – so wirklich!

Unvergesslich ist mir der erste physikalische Versuch, den unser Lehrer mit uns Schuljungen machte. Er hatte einen kleinen Berg von Sägespänen auf den Tisch gehäuft. Nun hielt er einen starken Magneten in die Späne hinein. Da wurde der Späneberg auf einmal lebendig. Jetzt erst sahen wir, dass unter die Sägespäne Metallstreifchen gemischt waren. Die zwängten sich durch die Späne herbei zum Magneten hin.

Jesus ist der Magnet, den Gott in die Welt hineinhält. Und man kann schon erschrecken bei dem Gedanken: „Gehöre ich vielleicht zu den toten Spänen?"

Was für Leute sind es denn, die Jesus anzieht?

Die unruhigen Herzen, die nach Vergebung der Sünden schreien. Die Hungrigen, die verlangen nach dem Frieden mit Gott.

Vor vielen Jahren kam ein 17-jähriger Schüler in Wuppertal zu einem Pfarrer und bat: „Meine Freunde und ich möchten gern Jesus besser kennenlernen. Helfen Sie uns!"

Das war der Anfang eines großen Schülerbibelkreises.

Die Jahre gingen dahin. Der junge Mann war ein hoher Beamter geworden. Die Bibel und Jesus spielten keine Rolle mehr in seinem Leben. Eines Tages, als er in einem Berliner Krankenhaus lag, bat er die Schwester: „Verschaffen Sie mir doch bitte etwas zum Lesen!" Die Schwester brachte eine Lebensbeschreibung. Und als der Patient näher zusah, war es die Geschichte von jenem Pfarrer, zu dem er einst gekommen war. Interessiert schlug er das Buch auf. Und dann las er auf einmal von dem 17-Jährigen, der mehr von Jesus hören wollte. Er las seine eigene Geschichte.

„Damals …! Ja, damals! Als Jesus mein Leben regierte und mein Herz an dem Mann mit der Dornenkrone hing!"

Der Mann begriff: Nun ist dieser Jesus da und ruft mich neu!

Welch eine wunderbare Art hat Jesus, seine weggelaufenen Leute zu suchen! Er stellt ihnen das „Einst" vor die Augen. Und schon sehen sie ihre

Armut, in die sie ohne ihn geraten sind. Und wie herrlich, dass er nicht nur das Alte aufweckt, sondern, dass er sie neu beruft!

Jesus hat nicht gesagt: „Du musst dich ändern." Sondern: „Ihr müsst von Neuem geboren werden." Jesus sagt nicht: „Du musst dich selbst anders machen!" Sondern: „Siehe ich mache alles neu."

Jedes Volk und Land hat bestimmte Ordnungen. In England z.B. müssen die Autofahrer lernen, links zu fahren. Auch Gottes Reich hat seine Ordnung. Und die heißt: Vergebung! Du brauchst Gottes Vergebung und du darfst sie haben, weil Jesus für dich starb. Und du sollst und darfst allen anderen vergeben, die dich betrübt haben.

Wir werden manchmal aus der Fassung gebracht, wenn wir sehen, wie Christen ihren Herrn blamieren. Nun, wir hätten allen Grund, darüber nachzudenken, wie unsere Lieblosigkeiten, Lügen und Streitereien unseren Heiland aus der Fassung bringen könnten.

Aber – er wird nicht aus der Fassung gebracht. Er nennt uns weiter Brüder! Es ist schon zum Staunen!

Als man in der Schweiz den Gotthard-Tunnel baute, fing man gleichzeitig im Süden und Norden an, die Stollen vorzutreiben.

Als sie sich einander näherten, vernahm man in dem einen Stollen die dumpfen Sprengungen des anderen.

Auch Gott arbeitet sich zu uns heran. Vielleicht haben wir in stillen Stunden oder in besonderen Ereignissen schon sein Klopfen gehört. Und vielleicht ist auch unser Herz auf dem Weg und sehnt sich nach dem lebendigen Gott. Und doch gibt es noch kein Gespräch zwischen ihm und uns, weil Felsmauern zwischen uns sind.

Es muss so ein letzter Durchbruch geschehen wie dort bei dem Gotthard-Tunnel. Da kam nämlich ein Augenblick, in dem eine Sprengung die letzte Felsmauer öffnete. Und durch das Loch reichte ein staubbedeckter Arbeiter seinem Kameraden, der vom anderen Stollen herantrat, die Hand. – Das ist eine selige Stunde, wenn die letzte Mauer zwischen unserem Gott und uns fällt und wir es ihm sagen können: „Von Herzen begehre ich dein."

Man ist zu einer jener schwäbischen „Stunden" versammelt, wie man sie in vielen württembergischen Dörfern und Städten findet. […]
Ein Bruder schilderte, wie er als junger Mann Gott habe weglaufen wollen. Aber dann fing der himmlische Vater an, ihn durch den Heiligen Geist zum Sohne zu ziehen. „Des war en Zug!", sagt er. „Do konnt i net widerschtehe, so mächtig war der Zug. O, der starke Zug!" Und nun wandte er sich an seinen Nachbarn: „Gelt Jakob, du hoscht de Zug au g'schpürt!" Der nickte kräftig: „Jo, i han en au g'schpürt." […]
Es ist etwas Großes, wenn Gott selber sein Werk in einem Menschenherzen beginnt. Und es kam die Zeit, wo auch ich „de Zug schpürte".

Da ist der Vater. Paulus sagt von ihm: „Er ist der Vater unsres Herrn Jesu Christi und der rechte Vater über alles, was da Kinder heißt." Jawohl, der rechte Vater.

Und da ist der Sohn, mein Heiland! Er sagt: „Wer mich sieht, sieht den Vater." Und er sagt: „Ich bin gekommen, dass sie das Leben und volle Genüge haben sollen." Und er sagt: „Siehe, ich mache alles neu." Er ist der, „der dir alle deine Sünde vergibt." Wirklich, ein wundervoller Erlöser!

Und da ist der Heilige Geist, der mir für alles die Augen öffnet und mich zieht, dass ich komme und glaube und nehme alles Heil Gottes.

*S*olange ich auf dieser Erde lebe, wird die Schlange der Sünde mich verletzen. Aber wenn ich Jesus angehöre, kann sie mich nicht töten. Ich habe einen Heiland, dessen Blut mich rein macht von aller Sünde. Ich darf ihm meinen Schlangenbiss zeigen, und er heilt ihn. Das Blut Jesu ist das Heilserum gegen den Schlangenbiss der Sünde.

Und wenn wir tausendmal an uns selbst verzweifeln müssen – haltet es fest: Einen Jesus-Jünger kann die Schlange beißen, aber nicht mehr töten. Da gilt in Ewigkeit: „Wer den Sohn Gottes hat, der hat das Leben."

Geborgenheit und Gottes Liebe

Es ist ja wunderlich: Durch die Technik ist die Welt gewissermaßen klein geworden. In ein paar Stunden kann man einen anderen Erdteil erreichen. Es gibt keine unentdeckte Ferne mehr.

Da müsste die Welt doch heimelig und vertraut werden wie eine enge Wohnung. Aber im Gegenteil! Die „Welt-Angst" steigt. Der Mensch fühlt, wie er „draußen" steht.

Wie großartig und überzeugend klingt da das Psalmwort: „Wohl denen, die in deinem Hause wohnen!" Da ist man zu Hause, geborgen, gerettet. Und das geschieht durch Jesus.

„Ich bin dein Schild", sagt der Herr.

Es war im Ersten Weltkrieg. Wir standen in einer Wiesenmulde, als plötzlich aus einem nahen Gehöft MG-Feuer auf uns losrasselte. Wir suchten den einzig möglichen Schutz: eine kleine Kapelle, in der sich nichts an Schmuck fand als ein Bild des Gekreuzigten. Als wir hier kauerten, ging es mir durch den Sinn: Ist das nicht symbolhaft? Der Gekreuzigte hat uns Bedrohte aufgenommen. Ja, er ist unser einziger Schild. Aber er ist es wirklich.

So ist es mit den Menschen, die dem Herrn gehören. Sie haben sich ihrem Erlöser ausgeliefert von ganzem Herzen. Und sie haben das Zeugnis des Heiligen Geistes bekommen, dass sie von ihm angenommen sind. So sind sie „Heilige" geworden. Trotz ihres ernsten Willens, dem Herrn gehorsam zu sein, finden solche Leute täglich mehr, wie böse ihr Herz ist. Aber das ändert nichts an der Tatsache, dass sie dem Herrn gehören, der sie sich zum Eigentum erkauft hat.

Jesus sagt von diesen „Heiligen": „Niemand soll sie aus meiner Hand reißen."

*G*ottes Hand kann – wie die Bibel sagt – „dahingeben". Das heißt: Nun segnet die Hand Gottes nicht mehr, nun droht sie nicht und straft auch nicht mehr, nun hat Gott die Hand ganz und gar abgezogen. Das ist das Ende über ein Volk oder einen Menschen.

Wie wunderbar ist es da, dass die Kinder Gottes sprechen dürfen von „der guten Hand Gottes über mir". Diese gute Hand meines Gottes – das ist die Hand Jesu, die für mich am Kreuz durchbohrt wurde, die zum Segnen aufgehoben ist über die Gemeinde. Selig, wer unter dieser „guten Hand" lebt!

Der Vater in der Gottesgeschichte „vom verlorenen Sohn" geht dem Sohn entgegen. Nein!
Er „läuft" ihm entgegen. Seine Arme sind dem
Sohn geöffnet, ehe der ein Wort der Buße sagen
kann.

Die Liebe des Vaters umfängt ihn, ehe er sich
gebeugt und um Vergebung gebeten hat.

So hat es Gott mit uns gemacht. In Jesus Christus
ist er uns, seinen verlorenen Kindern, entgegen-
geeilt. Jesu Arme am Kreuz sind den Sündern
ausgebreitet, ehe sie ihn kennen. Jesu rettende
Liebe ist da, ehe wir uns in Buße gedemütigt
haben.

„Er ist für uns gestorben, als wir noch Sünder
waren." Ja, „Gott ist die Liebe"!

Sie kennen die Geschichte vom verlorenen Sohn. Der kam nach Hause und sagte: „Ich habe gesündigt!" Und da nimmt der Vater ihn auf, und es wird ein Freudenfest gefeiert. Und jetzt male ich mir mal Folgendes aus: Am nächsten Morgen schmeißt der Sohn aus Versehen eine Kaffeetasse auf den Boden. Er war einen gedeckten Tisch nicht mehr gewöhnt von seinen Schweinen her. Er wirft also die Kaffeetasse aus Versehen runter. Und als die klirrend zerbricht, da schimpft er: „Verflucht noch mal!"

Wirft der Vater ihn jetzt raus: „Marsch, zurück zu den Schweinen!"? Glauben Sie das? Nein! Sondern der Vater sagt: „Angenommen ist angenommen!" Er erklärt wohl: „Mein Sohn, das wollen wir nicht tun. Wir wollen jetzt mal darum ringen, dass du Kaffeetassen stehen lässt und nicht fluchst und dich allmählich an die Sitten des Hauses gewöhnst!" – aber er schickt ihn nicht zurück zu den Schweinen.

Und sehen Sie: Wenn ein Mensch sich Jesus zu eigen gibt, dann macht er die schreckliche Entdeckung: Die alte Natur ist noch da! Und es gibt noch Niederlagen!

Aber wenn Sie nach Ihrer Bekehrung eine Niederlage erleben, dann verzweifeln Sie nicht gleich, sondern fallen Sie auf die Knie und beten

Sie drei Sätze: Erstens: „Ich danke dir, Herr, dass ich dir immer noch gehöre!" Zweitens: „Vergib mir durch dein Blut!" Und drittens: „Mache mich frei von meiner alten Natur!" Aber erstens: „Ich danke dir, Herr, dass ich dir immer noch gehöre!"

Jesus aber ist gekommen und gestorben, dass er uns aus der Schande hole. Seien wir doch ehrlich: Unser Leben ist oft eine große Schande. Wir wissen es, wenn wir im Licht Gottes stehen. Da heraus holt uns Jesus und erhöht uns zu Kindern Gottes.

Wie oft sind unsere Wohnungen erfüllt mit dem üblen Geruch von Streit, Selbstsucht und allerlei Bösem! Der Heilige Geist aber schafft göttlichen Wohlgeruch. Den will Jesus uns geben.

Es ist schön, wenn wir etwas für Jesus tun und unsere Liebe zu ihm unter Beweis stellen. Aber wichtiger ist es, dass wir uns von seiner ganz großen Liebe lieben lassen.

Da kommt Gottes Wort zu ihm: „Fürchte dich nicht!" Es ist, wie wenn eine liebe Mutterhand über die heiße Stirn eines fieberkranken Kindes streicht, hinter der wilde Fantasien es quälen.

„Fürchte dich nicht!" Als Student hörte ich aus dem Mund eines Philosophen ein Wort, das ich damals nicht ganz verstand: „Weltangst". Unsere Zeit versteht dies Wort.

Und gegen Weltangst hilft kein Trost der Welt. Aber das Wort Gottes, das in Jesus Fleisch wurde und unter uns wohnte, tröstet: „Fürchte dich nicht. Ich bin dein Schild."

Ich bin einmal mit einem Schweizer Freunde hoch in die Berge hineingestiegen, und wir hatten viel Freude. Am nächsten Tag wollte ich den herrlichen Weg noch einmal allein machen. Aber als ich dann in der Einsamkeit stand, allein zwischen Fels und Schnee, da packte mich auf einmal das Grauen. Alle Schrecken der Berge fielen über mich, und ich kehrte um.

Geht es nicht so den Menschen unserer Tage? Wir haben auf einmal gemerkt, wie schrecklich die Welt ist. Eine tiefe, unausgesprochene Furcht lebt in allen Herzen.

Dahinein kommt die Botschaft: Ihr dürft davon befreit sein! Den guten Hirten sollt ihr bei euch haben!

Ein Strom von Liebe geht aus dem Herzen Gottes. Er gibt seinen Sohn für uns hin. Aus dem Herzen des Gekreuzigten strömt diese Liebe in Menschenherzen, welche glauben können. Und nun geht sie zu den anderen, die im Glauben Brüder und Schwestern sind. Und von da geht die Liebe in die kalte, egoistische Welt.

Jesus-Jünger sind gewiss armselige Leute. Selten findet sich ein Minister oder ein Professor unter ihnen. Dafür umso mehr alte Omas, Lehrlinge, sorgenbeladene Leute – Leute mit Krankheiten, Kopfschmerzen, schmalen Geldbeuteln. Wenn das alles wäre! Es sind Leute, die gut wissen, wie sehr sie ihrem Herrn oft Schande machen, wie böse ihr Herz ist. Wir besprachen in unsrer Bibelstunde den Jona: ein beständiger Versager Gott gegenüber – und doch: ein ganz großer Erweckungsprediger! Ja, so ist es mit Jesus-Jüngern: Bei all ihrer Armseligkeit wohnt doch Jesus selbst in ihren Herzen. Sie sind – trotz allem – ein herrlicher Tempel Gottes. Immer wieder leuchtet die Klarheit des Herrn in ihrem Leben auf.

Trost und Kraft

Wenn der Herr uns in die Trübsal stellt, schlagen wir zuerst aus wie ein wildes Pferd. Aber Gott hält uns in der Trübsal fest, bis wir stille werden. „Trübsal bringt Geduld."

Wenn das Herz still geworden ist und − vielleicht voll Angst, Not und Furcht − auf den harten Herrn schaut, der es in die Trübsal stellt, dann „bringt die Geduld Erfahrung".

Da tut Gott sein Herz auf und zeigt der erschrockenen Seele seine Liebe, seine Barmherzigkeit, sein Heil in Jesus. Das sind selige Erfahrungen.

Und aus solchen Erfahrungen lernt das Herz die Trübsal gering achten. Es lernt: Es geht dem Herrn nicht um die Trübsal, sondern um mein Heil. Die Trübsal ist nur ein vorübergehendes „Mittel zum Zweck". Ja, sie geht vorüber.

So kommt aus der Erfahrung der Liebe Gottes die Hoffnung. Das ist aber keine trügerische Scheinhoffnung. Denn sie gründet sich ja auf die Liebe Gottes, die am Kreuze offenbar wurde und in unser Herz ausgegossen ist: Er wird's gut zu Ende bringen mit mir und mit seiner Gemeinde.

So ist Jesus. Das ist die frohe Botschaft für die Elenden: Wenn jemand ganz in der Tiefe ist, wenn alle Sünden gegen einen aufstehen, wenn ein Herz verzweifeln will, weil Gott so schrecklich ferne zu sein scheint – dann ist der Heiland da und beugt sich herab: „Was weinest du?"

Herr, mein Hirt, Brunn aller Freuden,
Du bist mein,
Ich bin dein,
Niemand kann uns scheiden!
Ich bin dein, weil du dein Leben
Und dein Blut
Mir zugut
In den Tod gegeben.

Es braucht nicht immer der Stärkste oder Klügste zu sein. Ein Knabe kann es sein wie David bei Goliath. Oder eine Frau wie Debora. Auf die innere Stellung kommt's an: auf die klare Bekehrung, auf den völligen Gehorsam und den rechten Glauben. Dann kann man tun, was die Schrift befiehlt: „Stärket die müden Hände und erquickt die strauchelnden Knie!"

Da steht das Gesetz Gottes. Ja, das sollten wir erfüllen. Aber die Kraft dazu ist nicht da. Und wir bleiben von Tag zu Tag im Rückstand und werden schuldig, und das Gewissen muss seufzen.

Da werden wir in schwierige Verhältnisse gestellt. Wir müssen zusammenleben mit Menschen, die uns unsympathisch sind. Wir sollten uns erweisen als Kinder Gottes in Liebe und Sanftmut. Aber – es will an keinem Tag gelingen.

Da wird ein Leid auf uns gelegt. Wir wollen es gern tragen, weil wir wissen, dass ohne den Willen unseres himmlischen Vaters kein Haar von unserm Haupt fällt. Aber – es ist zu schwer zum Tragen.

Immer ist es so: Es wird mehr gefordert, als wir vermögen. Und so kommt es zum Seufzen.

„Mein Seufzen ist dir nicht verborgen", sagt David. Und damit zeigt er uns einen köstlichen Weg. Wir dürfen vor unserm Heiland seufzen. Wir dürfen unser Unvermögen und unsere Kraftlosigkeit vor ihn bringen. Er ist noch immer der „Heiland".

Die auf den Herrn harren – das sind nicht die, welche diese oder jene Möglichkeit für ihr Leben ins Auge fassen und dabei auch noch ein bisschen Religion haben.

„Die auf den Herrn harren" – das sind die, welche ganz mit ihm rechnen, nur mit ihm; die ihn allein ihren Heiland sein lassen. Solche bekommen täglich neue Kraft.

Wenn der Weg rau wird, dann wird es offenbar, wer wirklich zur Herde Jesu Christi gehört und wem es ernst war mit der Nachfolge. Da kehren die Mitläufer um. Seine Schafe aber schauen auf ihn und folgen ihm.

Sie folgen ihm sehr getrost, denn sie hören sein Wort: „Ich kenne sie!" Er kennt all unsere Verzagtheit, Leidensscheu und Mutlosigkeit.

Er kennt all unsere Furcht und unseren stolzen Eigenwillen. Und weil er all das kennt, geht er nicht gleichgültig vor seiner Herde her. Er nimmt sich auch all unserer Schwachheit, Furcht und Mutlosigkeit an. Eben darum können seine Schafe ihm folgen, weil er sie kennt und sich ihrer annimmt.

*N*ein, Christenstand ist keine Regenversicherung auf gute Tage hin, sondern Christenstand ist ein Stehen in einem streitenden, kämpfenden und angefochtenen Heer.

Die Bibel sagt uns also nicht, dass wir von Stürmen verschont bleiben sollen. Aber das sagt sie uns, dass der Herr die Seinen kennt, dass er mitten in den Stürmen bei ihnen ist, dass er in den dunklen Tälern sie führt. […]

Ja, er weiß alles, was uns quält. Er lässt auch nicht das schwächste seiner Kinder aus dem Auge. Ich habe wohl von schrecklichen Dingen in der Welt gehört. Aber das habe ich noch nie gehört, dass ein Kind Gottes von Jesus vergessen worden wäre.

In dem kleinen Dörflein Kana war eine Hoch-zeit. Und dabei ging den armen Leuten der Wein aus. Kann diese kleine Verlegenheit wirklich den Sohn Gottes interessieren?

Ja, er nimmt sie aufs Herz und hilft. Diese schöne Geschichte ist wirklich zum Verwundern: Da tritt der Sohn Gottes seinen Weg in die Welt an. Er will die Schuld der ganzen Welt wegtragen. Er will den Tod überwinden. Und diesen Weg beginnt er so, dass er bei einer Kleine-Leute-Hochzeit aus der Verlegenheit hilft.

Deutlicher kann es uns nicht gesagt werden: Jesus ist ein Heiland auch für die kleinen Alltags-nöte. Wir wollen es doch ruhig zugeben: Unser Leben setzt sich zum größten Teil aus kleinen Schwierigkeiten zusammen. Wer wandelt denn schon immer auf den Höhen der Menschheit? Und auch ein solcher Wanderer fällt höchst unsanft auf den Boden, wenn er Zahnschmerzen hat. O, diese lumpigen Alltagsnöte! …

Man darf's dem Heiland sagen! Das ist so tröst-lich!

*N*ahe und nahe ist nicht dasselbe. Ein Bild soll es klarmachen: Ein Unfall auf einer Großstadtstraße! Ein Mann liegt blutend und hilflos da. Dicht drängen Neugierige sich heran. Nur einer hat sich zu dem Verletzten gebeugt. Er wischt ihm das Blut ab, legt ihm seinen Rock unter den Kopf und redet ihm tröstlich zu.

Alle sind dem Verletzten nahe. Aber der Eine ist ihm ganz anders nah. So ist Gott allen Menschen nahe. Keiner kann ihm entgehen. Aber den „zerbrochenen Herzen" ist er anders nah. In Jesus beugt er sich über sie. Der Heiland mit den Nägelmalen nimmt sich ihrer an und heilt und tröstet sie.

In Bad Oeyenhausen grub man einst nach heilkräftigen Wassern. Eines Tages stieß man auf eine Quelle. Die sprudelte aber gleich so mächtig, dass alles weggefegt wurde und die Menschen erschrocken davonliefen.

So gewaltig bricht die Quelle der Barmherzigkeit Gottes auf, wenn ein bedrängtes Herz ruft, seufzt und schreit. Er hört, gedenkt an seinen Bund, er sieht darein, und er nimmt sich des Elends an.

Dem gesegneten Gottesmann J. P. Diedrichs klagten einmal ein paar Freunde ihre Sorgen. Da erwiderte er: „Ich machte kürzlich mit Freunden eine Kutschfahrt. Ich saß auf dem Rücksitz. Als wir eine Straße mit Schlaglöchern und Steinen passiert hatten, stöhnten die Freunde: ‚Das war ja schrecklich! Wir dachten beim Anblick der schlechten Straße, der Wagen ginge zu Bruch!' – Ich aber hatte die Fahrt genossen. Das lag daran, dass ich rückwärts fuhr. Ich sah die Löcher erst, wenn wir drüber weg waren." – Dann wendete er das aufs Geistliche an: „Ein Christ überlässt die Sorgen um das Kommende dem Heiland. Er fährt gleichsam rückwärts. Er betrachtet, durch wieviel Nöte ihn sein Herr herrlich hindurchgeführt hat. Und darüber wird sein Herz voll Lob und Dank."

[D. Paul] Humburg hat in seinem Leben viel Not zu tragen gehabt. Als er dies einmal einer alten Christin klagte, erklärte diese ihm: „Wenn der Pastor in der Presse ist, so hat die Gemeinde das Öl davon."

Das haben wir erlebt. […]

Ich saß im Gefängnis in Essen. Das war eine große Not für meine Frau. Und dann kam eines Tags D. Humburg, um die Pfarrfrau zu besuchen. Es schien unmöglich, dass der vielgeplagte Mann sich so um einzelne Menschen kümmert. Beim Abschied sagte Humburg ihr ein Bibelwort. Ein Wort, auf das kein anderer gekommen wäre. Es war nur das eine Sätzlein aus dem 23. Psalm: „Du schenkest mir voll ein."

Meine Frau berichtete mir später, wie in diesem Augenblick ihr der ganze Reichtum, den wir in Jesus Christus haben, geschenkt worden sei. Und davor seien die Nöte ganz klein geworden.

Doch wir brauchen uns nicht zu sorgen. Wir dürfen nur glauben und unsere schwache Hand ausstrecken. Er hat die Kraft zum Herausreißen. Dass es doch auch unsere Geschichte würde: „Du hast meine Seele aus dem Tode gerissen, mein Auge von den Tränen, meinen Fuß vom Gleiten"! Dann sind wir ein Gotteskind, unser Herz ist fröhlich, und unser Fuß tut gewisse Tritte zur ewigen Gottesstadt.

Das ist das geheimnisvolle Wesen der Jesus-Jünger: Sie leben beständig in der unmittelbaren Gegenwart Jesu. Ganz real ist es so: „Ich bin bei euch alle Tage bis an der Welt Ende." Immer spüren sie seine Hand in ihrem Leben: tröstend, rettend, aufrichtend. Sie führt – sogar in den Tod. Aber – sie lässt nicht von dem Jesus-Jünger.

Tränen sind sehr, sehr still. Es gibt sogar Tränen, die nicht einmal bis in die Augen kommen, sondern in die Seele hineingeweint werden. Achtet der große Gott auf diese stillen Tränen? Ja, so muss es wohl sein.

Welch eine Geschichte! Welch ein Bild, wie sich der ganz Große über ein zerbrochenes Menschenkind beugt in unendlicher Zartheit. Da sind alle Probleme zu Ende. Da ruht man am Herzen Gottes. Welch ein Friede! Da ist alles Kämpfen zu Ende, alle Anfechtung, alles Fragen. Da ist die ersehnte Ruhe.

„Der Herr Jesus sei mit deinem Geiste."

Das ist aus der Tiefe geschöpft. Da weiß man in der Dunkelheit: Jesus lebt, ist Wirklichkeit. Da weiß man: Er lässt sich seine erkauften Schafe nicht rauben. Da fühlt man seinen Frieden wie einen Strom. Da lacht man heimlich doch über Welt und Teufel, weil deren Macht durch die Vergebung der Sünden gebrochen ist. Da schaut man durch den Horizont und sagt: „Der Herr wird mir aushelfen zu seinem himmlischen Reich." Jesus-Jünger sind auch in der dunkelsten Nacht nicht verloren.

Nun sehen Christen den unendlichen Jammer der Welt. Wie viele Bittende kommen täglich an meine Tür, wie viel Unerträgliches begegnet mir jede Woche in den Bergmanns-Lagern: Und ich kann nicht helfen.

Und sie sehen die unendliche Verlorenheit des eigenen Herzens. Man ringt darum, gut und wahr und selbstlos und rein und barmherzig zu sein. Aber es gelingt so schlecht.

Das verursacht die Tränen der Christen. Wie könnten sie in all dem Jammer leben ohne Jesus! Jesus! – ja, in ihm haben wir täglich Trost.

Weisheit und Erkenntnis

Der Psalmist will nichts sagen gegen Weisheit und Erfahrung. Aber das sagt er: Ich kann eine Menge Erkenntnis haben; ich kann eine reiche Erfahrung mein eigen nennen – doch bin ich immer noch ein Tor in göttlichen Dingen.

Die wahre Weisheit und die tiefste Erfahrung, die zur Seligkeit dienen, finden wir erst in den göttlichen Zeugnissen der Heiligen Schrift.

Wer sie hat, ist gelehrter als alle Lehrer und klüger als die erfahrensten Alten.

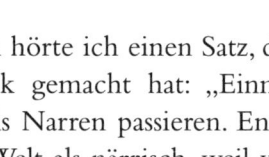

Als junger Mann hörte ich einen Satz, der mir tiefen Eindruck gemacht hat: „Einmal im Leben müssen wir als Narren passieren. Entweder gelten wir jetzt der Welt als närrisch, weil wir mit Ernst den Frieden mit Gott suchen. Aber die Ewigkeit wird zeigen, dass dies klug war. Oder aber – wir gelten hier als kluge und weltoffene Leute. Dann werden wir in der Ewigkeit klagen müssen: ›Wir Narren haben den rechten Weg verfehlt.‹"

Der Mensch fängt immer groß an und endigt – erbärmlich. Gott fängt verborgen und niedrig an, und am Ende stehen Glorie und Herrlichkeit.

Gott hat es so geordnet, dass auf einer Sommerwiese manches Blümlein blühen darf: „… ein jegliches nach seiner Art".

Das sollten wir uns merken. Wir meinen immer, der andere müsse sein wie wir. Wenn einer ein wenig anders ist, gibt's bei uns meistens großes Klatschen und Reden.

Und wenn ein anderer eine größere Rolle spielen darf, werden wir schnell neidisch und meinen, so müssten wir es auch haben.

„Ein jegliches nach seiner Art". Bedenke: Es gibt nicht nur Lerchen.

Gott hat auch Freude an den Nachteulen. Es gibt nicht nur prächtige Sonnenblumen. Auch das bescheidene Veilchen lobt seinen Schöpfer.

Welcher Freudenglanz lag wohl an jenem Tage über der vollendeten Welt! Unendlicher Jubel liegt über diesem ersten „siebenten Tag".

Und so wird er ein Vorbild und Hinweis auf unseren Sabbat, auf den ersten Sonntag der Christen. Das ist der Auferstehungstag Jesu Christi: „Christ ist erstanden / Von der Marter alle, / Des soll'n wir alle froh sein."

Weil Gott in Schöpfung und Erlösung alles für uns getan und vollendet hat, darum dürfen wir nun heute recht Sabbat halten. Wir dürfen ruhen und uns freuen in seinem herrlichen Tun für uns.

So sollten Christen wünschen lernen. Nicht: Ich möchte gern reich sein! Sondern: Ich möchte in meiner Armut Jesu Reichtum offenbar machen. – Nicht: Ich möchte gern mächtig sein! Sondern: Ich möchte gern in meiner Schwachheit die Kraft Christi stark werden lassen. – Nicht: Ich möchte es gut haben! Sondern: Ich möchte mich gern in Trübsalen als fröhliches Kind Gottes erweisen. – Nicht: Ich möchte gern die Erfüllung meiner Pläne! Sondern: Ich möchte, dass Christus hoch gepriesen werde, es sei durch Leben oder durch Tod!

*A*ch, es ist ja auch gar nicht so leicht für unser Herz, auf seinen Rat zu warten. Denn sein Rat ist so ganz anders als unsere Pläne.

Wir wollen die satte Ruhe – und er führt in die Wüste. Wir wollen Frieden – und er führt uns in den Kampf. Wir wollen die Mauern Jerichos umrennen – und er heißt sein Volk tagelang nur vor den Mauern warten. Wir wollen große Dinge – und er verordnet uns die geringen Dinge. Wir wollen hoch hinaus – und er führt uns in die Tiefen.

Und er hat so viel Zeit. „Warten" muss man auf seinen Rat. Es währt oft „bis in die Nacht und wieder an den Morgen".

Und doch – sein Rat ist gut. Jenseits der Wüste liegt Kanaan.

Und auf dies Gute zielt sein Rat mit uns. Selig, wer auf seinen Rat warten kann!

Im österreichischen Diakonissenhaus Gall-neukirchen steht eine alte Standuhr. Sie trägt die Inschrift: „Zeit ist Gnade."

Die uns gegebene Zeit ist eine Chance. Die können wir verpassen und unser Leben verderben durch Selbstsucht. Wir können diese Gnade aber auch annehmen und unser Leben schön machen durch Liebe. Durch Liebe, die der Herr Jesus, der ja selbst die fleischgewordene Liebe Gottes ist, ausgießt in unser Herz.

Wir sollten zu unserem Erlöser sagen: „Herr, hilf uns, dass wir, wenn wir schon nur wie Feldblumen sind, schöne Blumen werden!"

Wir dürfen lieben – nicht nur unsere Freunde, sondern sogar unsere Feinde. Seitdem Jesus für seine Feinde gestorben ist, dürfen wir schrankenlos lieben. Seitdem Jesus gestorben ist, sind wir nicht mehr zu der Qual verurteilt, zu hassen und uns zu rächen. Niederlieben dürfen wir alle Feindschaft!

Das gehört zu der gewaltigen Befreiung, die uns durch den Tod Jesu geschenkt worden ist. Der Teufel verpflichtet uns zum Hass, zur Vergeltung, zur Feindschaft. Jesus aber lehrt uns, alle Feindschaft unter seinem Kreuz abzulegen. Nun ist der Weg frei zum Lieben.

Wenn ein Kaufmann einen neuen Laden ein-
richtet, dann erfüllt er die Welt mit Reklame.
Wenn ein Politiker eine neue Idee hat, sind die Zei-
tungen voll davon.

Wie anders handelt unser Gott! Er fängt seine
größten Dinge in der Stille an. Ja, er kann es sich
leisten, still und verborgen sein Werk zu tun. [...]
In der Stille und im Verborgenen geschieht das
Große. In einem Stall in einem kleinen Dorf
wird der Sohn Gottes geboren.

Wer die Augen voll hat mit den grellen Dingen
der Welt, wird das heimliche, rettende Tun Gottes nie sehen. Der Herr gebe uns Liebe zu den
stillen Dingen!

*A*llen gemeinsam ist das Gewissen, der uralte Wecker – vermutlich eine warnende Erinnerung an ein früheres Leben, an die schmerzlichen Folgen von dem, was man damals verübt hat.

Sofort, wenn was im Herzen nicht richtig ist, gerät der Lebenssaft in ängstlichen Aufruhr und steigt in den Kopf.

– Wohl dem, der noch erröten kann!

Dieses sogenannte böse Gewissen sollte eigentlich das gute heißen, weil's ehrlich die Wahrheit sagt.

Ist es nicht seltsam, dass die Christen das Wort „sterben" so ungern aussprechen? Für den Menschen, der ohne die Bibel lebt, ist das Sterben ein peinlicher, aber natürlicher Abschluss des Daseins. Der Christ aber weiß, dass das Sterben etwas Furchtbares ist: Gottes Gericht! Lohn der Sünde! Und darum freut sich das Herz, dass es den Heiland kennt, den Sohn Gottes, der durch sein Sterben am Kreuz und durch sein Auferstehen „dem Tode die Macht genommen hat und Leben und unvergängliches Wesen ans Licht gebracht hat" für alle, die an ihn glauben und ihm angehören.

Als der Krieg zu Ende ging, schossen die Amerikaner wild mit Artillerie in das Dörflein Hülben, weil einige Versprengte Widerstand leisteten. Alles Volk rannte in die Keller. Meine Mutter aber sagte: „Für so etwas bin ich zu alt!"

Dann ging sie in die Küche und bereitete einen Kaffee. Als die ersten Amerikaner schreiend in das Haus stürmten, kam ihnen die alte Frau freundlich entgegen und lud sie herzlich an die bereitete Kaffeetafel. Der junge Leutnant war der Sohn eines bekannten jüdischen Verlegers, der rechtzeitig emigriert war. Er verstand die deutsche Sprache. Aber auch ohne das wäre aus dem wilden Sturm eine gesittete Kaffeerunde geworden. Die Soldaten merkten: Hier ist ein Mensch, für den es keine „Feinde" gibt.

Ich bekomme oft von höheren Schülern die Frage gestellt: „Warum halten Sie allein das Christentum für die Wahrheit? Der Buddhismus und der Islam sind doch auch gute Religionen." Als Antwort darauf möchte ich erzählen, was einmal ein Chinese dazu gesagt hat: „Es fiel ein Mann in einen tiefen, leeren Brunnen. Da kam Buddha vorbei. Der Mann rief um Hilfe. Buddha aber sagte: ‚O du Armer! Ich will darüber nachsinnen, was dies Unglück zu bedeuten hat.' Und ging weiter. – Da kam Mohammed vorbei. Er sah den Unglücklichen und erklärte: ‚Das ist eben Kismet, Schicksal.' Und ging weiter. Da kam der weise Konfuzius vorbei. Er hörte die Hilferufe und rief in den Brunnen: ‚Du hättest aufpassen sollen! Sei das nächste Mal vorsichtiger.' Und ging weiter. Da kam Jesus vorbei. Er sah den Elenden, stieg in den Brunnen hinunter und holte ihn heraus."

Das ist das Wunderbare und Eigenartige und Göttliche am Neuen Testament: Wenn ein Mensch mit hungrigem und aufrichtigem Herzen darin liest, dann sieht er den Herrn Jesus. Und dann sieht er den Vater. Wie häufig kritisiert ein Gelehrter nörgelnd am Neuen Testament herum und – merkt nichts. Aber da liest einer mit hungriger Seele und – sieht Jesus. Und – wer ihn sieht, sieht den Vater.

Paulus zog nach Europa – nicht auf Grund kluger Erwägungen, sondern vom Herrn Jesus gerufen. Oder – wie Luther einmal von sich sagte – „gestoßen wie ein blinder Gaul".

So etwas Großes gibt es im Leben der Kinder Gottes: eine klare Führung durch den Herrn selbst. Und nun müssen wir sagen: Nur ein Leben, das so geführt wird, kann wirklich gesegnet sein. Wer wollte das nicht haben?!

Es geht jetzt nicht darum, ob wir glauben, dass Gott da sei. Wenn ein Blatt denken könnte, dann hätte es auch eine Erinnerung an den Baum, wenn es im Herbst abfällt. Und es ist doch abgerissen. Es ist ein Unterschied, ob ich am Herzen Gottes zu Hause bin oder ob ich nur von ihm weiß.

Dankbarkeit und Freude

Ich kannte einen jungen Mann, der wünschte sich brennend ein Motorrad. Eines Tages konnte er sich solch eine Maschine anschaffen.

Nach kurzer Zeit aber merkte er, dass ein Motorrad bei Regenwetter eine schlechte Sache ist. Da wünschte er sich heiß ein Auto. Und es kam der Tag, da fuhr er in einem kleinen Wagen vor.

Nun machte er große Reisen mit seinem Wägelchen. Da aber war es ihm sehr ärgerlich, wenn große Wagen ihn überholten. „Ach!", seufzte er, „wenn ich doch einen Mercedes hätte!"

Vielleicht bekommt er den auch noch. Aber dann wird er entdecken, dass er ohne Flugzeug nicht glücklich sein kann.

So ist das Menschenherz! Es fehlt uns immer etwas zu unserm Glück. Ist unser Leben ruhig, dann sehnen wir uns nach Abwechslung. Ist es stürmisch, so möchten wir gern Ruhe. Sind wir zu Hause, so zieht es uns in die Ferne. Sind wir in der Fremde, dann haben wir Heimweh. Es fehlt uns immer etwas. So sind wir!

Die Bibel sagt: „Der Herr wird abwischen alle Tränen von ihren Augen." Darauf freuen wir uns. Aber hier schon haben wir ein Angeld: dass der Geist uns mit Trost erfüllt mitten im Leid.

Alle Sünde, „die uns anklebt und träge macht", wird in der neuen Welt von uns genommen sein. Das wird schön! Aber inzwischen haben wir das Angeld, dass der Heilige Geist uns je und dann Sieg schenkt über uns selbst.

Völlige Freude wird uns einst umgeben. Aber auch das Angeld ist schön, dass wir uns hier schon freuen dürfen im Herrn.

Kurz – Christen sind reiche Leute! Und das Eigentliche kommt noch. Wie sollten wir nicht fröhlich sein!

Gibt es irgendetwas im Himmel oder auf Erden, das herrlicher wäre, schöner und wunderbarer als die Majestät, die Liebe und der Glanz Gottes? Gibt es etwas Wunderbareres, als dass er sich zu uns getan und uns gesucht, erkauft und erlöst hat durch seinen Sohn, unseren Herrn Jesus Christus?! Also wollen wir ihn rühmen in unseren Herzen und mit unserem Munde.

Wir werden dann erleben, wie dieses Rühmen uns hinaushebt aus der Niedrigkeit und Armseligkeit der Dinge, die uns oft unnötig ausfüllen und bewegen.

Ich musste lachen, als mir einmal jemand erklärte, das Alte Testament sei ein finsteres Buch, und der Gott, der darin rede, sei ein düsterer Gott. Darauf kann man nur antworten: Wir sind finster, und unsere Herzen sind voll Dunkelheit. Gott aber möchte gern fröhliche Leute, die ihm aus vollem Herzen danken. […]

Wenn wir uns recht besinnen, wird uns einfallen, mit wie viel Gutem er uns beschenkt hat.

Das größte Gut aber, das er gegeben hat, ist sein Sohn, der Herr Jesus Christus. Den hat er nicht einfach nur so gegeben, sondern er hat ihn für uns „dahingegeben" an das Kreuz, dass wir durch ihn Vergebung der Sünden, Frieden mit Gott, Heiligen Geist, Leben und Seligkeit haben. Wer dieses Gut kennt, der betet an und wird von Herzen fröhlich vor seinem Gott.

Es ist eine rechte Not, dass unsere inwendigen Augen oft so blind sind. So jammern wir, wo wir singen könnten. So weinen wir, wo wir getröstet sein dürften.

Gott hat sich selbst nicht unbezeugt gelassen,
hat uns viel Gutes getan ... und unsere Herzen
erfüllt mit Speise und Freude.
APOSTELGESCHICHTE 14,17

*W*as will denn das sagen? Wenn Gott uns das tägliche Brot gibt, geht es ihm dabei um unsere Herzen!

Jedes Butterbrot, das wir essen, sagt uns: „Gott wirbt um dein Herz!" Jedes Butterbrot predigt: „Gott will dein Herz bewegen."

Dass wir doch diese Butterbrot-Predigt hören wollten! Dann wäre jede Mahlzeit ein kleines Fest.

Nur zweierlei wird von den Seligen ausgesagt. Erstens: Sie werden den Herrn Jesus sehen. Hier wandeln wir – sagt Paulus – „im Glauben und nicht im Schauen". Dort werden wir ihn sehen. Wir werden die Zeichen seiner Niedrigkeit, seine Nägelmale und auch seine Glorie schauen.

Und zweitens wird gesagt: Im Himmel werden wir ihm gleich sein. Das ist groß! Keine Niederlagen, keine Sünde, kein Versagen mehr! Ihm gleich!

*B*ei Gott gilt nicht das, was wir Menschen „groß" nennen. Groß ist in Gottes Augen ein treuer Knecht Gottes.

Größer ist ein Kind Gottes.

„Der Kleinste im Himmelreich, das geringste Kind Gottes, ist größer."

Bei uns Menschen ist es schon so, dass der Sohn des Hauses über einem Knecht steht. Und so ist es im Reiche Gottes auch. Es ist etwas Wunderbares um dies „Reich Gottes", das mit Jesus kam, in dem auch der Elendeste zu Gott sagen darf: „Abba, lieber Vater."

Und am größten?

Am größten ist der Mann, dem Gott selbst den Weg bereitet unter den Menschen, ist der Mann, vor dessen „Angesicht Johannes als Bote und Engel herging": Jesus, der Sohn Gottes – der König des Himmelreiches – der Heiland, der unter den Seinen allezeit „der Dienende" war (Lukas 22,27). Er ist am größten! Ihm gehören aller Ruhm, alle Ehre und Anbetung!

Vor dem Blick auf den starken Jesus schrumpfen buchstäblich die anderen Dinge zusammen. Ich kannte einen Mann, der durch erbliche Belastung ein Trinker war. Die Ärzte sagten ihm: „Das ist eben wie eine unheilbare Krankheit." Aber dann haben wir es zusammen erlebt, wie er im Blick auf Jesus immer wieder Sieger wurde darüber. „Jesus ist stärker!" Mit diesem Kampfruf überwinden die Streiter Jesu alle unüberwindlichen Mauern, den Teufel und gar den Tod. Im Sterben noch schauen sie auf Jesus und verachten den Tod. Er kann sie nicht mehr töten.

Quellenverzeichnis

Wilhelm Busch, Der Herr ist mein Licht und mein Heil, © 1969 Neukirchener Verlagsgesellschaft mbH, Neukirchen-Vluyn, 11. Auflage 2022 (S. 11, 22, 23, 24-25, 33-34, 40-41, 42-43, 44, 45, 57, 58, 59, 66, 67, 68, 69, 70, 71, 72, 84, 85, 86, 87, 88, 101, 106)

Wilhelm Busch, Die Suchaktion Gottes, © 1968 Neukirchener Verlagsgesellschaft mbH, Neukirchen-Vluyn, 6. Auflage 1996 (S. 16, 17, 35, 36, 37, 52, 53, 63, 64, 78, 79, 80, 81, 95, 96, 97, 107)

Wilhelm Busch, Jesus unser Schicksal. Vorträge von Tonbändern, © 2014 Neukirchener Verlagsgesellschaft mbH, Neukirchen-Vluyn, 48. Auflage 2021 (S. 10, 20)

Wilhelm Busch, Jesus unser Schicksal, © 2006 Neukirchener Verlagsgesellschaft mbH, Neukirchen-Vluyn, 7. Auflage (SpecialEdition) 2023 (S. 26-27, 28, 29, 32, 60-61)

Wilhelm Busch, Lass dein Heil uns schauen, © 1961 Neukirchener Verlagsgesellschaft mbH, Neukirchen-Vluyn, 8. Auflage 2020 (S. 8, 9, 13, 14, 31, 50, 56, 62, 63, 76, 85, 91, 100)

Wilhelm Busch, Plaudereien in meinem Studierzimmer, © 1965 Aussaat-Verlag Neukirchener Verlagsgesellschaft mbH, Neukirchen-Vluyn, 12. Auflage 2016 (S. 15, 21, 51, 77, 93, 94)

Wilhelm Busch, 365 mal Er, © 2011 Neukirchener Verlagsgesellschaft mbH, Neukirchen-Vluyn, 19. Auflage 2021 (S. 12, 30, 35, 46, 47-48, 49, 61, 73, 74, 75, 84, 89, 90, 102, 103, 104, 105)